Friedrich Krumbacher

Zweites Lese- und Lehrbuch nach Friedrich Krumbacher

Friedrich Krumbacher

Zweites Lese- und Lehrbuch nach Friedrich Krumbacher

ISBN/EAN: 9783743687493

Hergestellt in Europa, USA, Kanada, Australien, Japan

Cover: Foto ©Andreas Hilbeck / pixelio.de

Weitere Bücher finden Sie auf **www.hansebooks.com**

Zweites
Lese- und Lehrbuch

nach

Friedrich Krumbacher,

(Lehrer an der höheren Töchterschule in Nürnberg)

bearbeitet für

deutsche Schulen in Amerika.

Vermehrte und verbesserte Auflage.

Herausgegeben von W. Schnauffer,
Baltimore.
1869.

Fabeln, Lieder und Erzählungen

als Lese- und Verstandes-Uebungen.

---

1. Das heitere Kind.

Gott hat uns das Leben, zur Freude gegeben. Das Käferchen schnurret, das Bienchen surret, das Vöglein singet, das Lämmlein springet, — es freut sich Alles, drum mach' ich's auch so; bin heiter und froh!

2. Das kranke Kind.

Der Kopf thut mir weh, ich bin so krank, muß nehmen den braunen, bittern Trank; die Mutter sieht so betrübt mich an, daß ich immer nicht aus dem Bette kann. Du lieber Gott, ich bin ja dein, o laß mich bald wieder besser sein!

3. Gesundheit.

„Ach, der arme Kilian!" Wie? der a r m e Kilian? Ist das nicht ein reicher Mann? „Das wohl; doch dem armen Manne schmeckt nicht Schlaf, nicht Speis' und Trank; — Kilian ist krank.

4. Wunsch.

O wär' ich doch ein Vögelein, wie lustig wollt ich fliegen, und mit dem spitzen Schnäbelein die rothen Kirschen kriegen! Doch weil ich nun kein Vög'lein bin, so muß ich eben laufen, und muß mir bei der Krämerin für einen Dreier kaufen.

5. Der Bettler.

Ich bin ein alter, armer Mann,
Der sich Nichts mehr verdienen kann,
Der keinen Bissen Brod mehr hat,
Und äße mich doch gern auch satt.
Drum gebt dem armen, alten Mann
Nur wenig, daß er essen kann.
Wer armen Menschen gern was giebt,
Der wird vom guten Gott geliebt.

6. Der Waisenknabe.

Vor meines Vaters Thüre schlich
Ein armer, armer Knabe sich,
Und weinte, ach weinte so bitterlich.
Er sprach: „Ach Gott, sie haben
Mir Vater und Mutter begraben!" —
Du guter Gott, wie dank ich dir,
Noch ließest du Vater und Mutter mir!

7. Knabe und Schnecke.

„Schnecke, liebe Schnecke!
Bitte, bitte, recke
Deine Hörner schnell heraus,
Sonst zerschlag ich dir das Haus!"
Schnecke hört's und spricht:
„Knabe thu' das nicht!
Meine Hörner alle vier
Zeig ich auch recht lange dir."

8. Der Fuchs.

Fuchs, du hast die Gans gestohlen,
Gieb sie wieder her!
Sonst wird sie der Jäger holen

Mit dem Schießgewehr.
Seine große lange Flinte
Schießt auf dich den Schrot,
Daß dich färbt die rothe Tinte,
Und dann bist du todt.
Liebes Füchslein, laß Dir rathen,
Sei doch ja kein Dieb!
Nimm, du brauchst nicht Gänsebraten,
Mit der Maus vorlieb.

9. Die Katze und die Schwalbe.

Kätzchen schleicht am Abend noch
Auf das Dach, gar steil und hoch;
Hat ein Schwälbchen sitzen sehen,
Möcht ihm gern zu Leibe gehen.
Doch das Schwälbchen war so klug,
Eilt davon im raschen Flug.
Kätzchen zürnt in seinem Sinn,
Sieht nur von der Seite hin,
Denkt das ist ein schlecht Vergnügen,
Daß die Vögel können fliegen;
Ist dann in den Hof gegangen
Und hat eine Maus gefangen.

10. Der Uhu.

Warum fliegt doch der Uhu in finsterer Nacht?
Ich möchte wohl wissen, was er da macht?
Er könnte, wie andere Leute ja ruh'n;
Er fände bei Tage genug zu thun.
„Wie ein Dieb muß ich leben in finsterer Nacht,
Da geh ich mit Frau und mit Kind auf die Jagd.
Des Tages erlaubt es die Sonne ja nicht;
D'rum scheuen der Dieb und der Uhu ihr Licht.“

11. Der Vogel am Fenster.

An das Fenster klopft es: pick! pick! „Macht mir doch
auf einen Augenblick! Dick fällt der Schnee, der Wind geht
kalt, habe kein Futter, erfriere bald. Lieben Leute, o laßt mich
ein? will auch immer recht artig sein!" Sie ließen ihn ein in
seiner Noth; er suchte sich manches Krümchen Brod; blieb
fröhlich manche Woche da. Doch als die Sonne durchs Fenster
sah, da saß er immer so traurig dort. Sie machten ihm auf:
husch, war er fort!

12. Die Engel.

Sind denn nur im Himmel Engelein?
O nein, dort nicht allein,
Auch auf Erden aller Orten.
Jeder Mensch, der fromm ist, brav und gut,
Nur den Willen unsres Vaters thut,
Ist sein lieber Engel worden.
Und willst du ein Engel dort im Himmel werden,
Mußt du schon ein Engel sein auf Erden!

13. Frühlingsgaben.

Wie bist du, Frühling, gut und treu,
Daß nie du kommst mit leerer Hand! —
Du bringst dem Baume Blätter neu,
Dem Blümlein farbiges Gewand;
Du bringst das Lied dem Vögelein,
Durch dich so blau der Himmel lacht;
Du bringst der Welt den Sonnenschein. —
Was hast du mir denn mitgebracht? —

14. Zugvögel.

Kind.   Ihr Vögelein alle, wohin? wohin?
Vögel.   Nach wärmerem Lande steht unser Sinn.
Kind.   So weit über Berg und Feld und Meer?
Verirrt ihr euch nicht gar zu sehr?

Vögel.   Der liebe Gott mit seiner Hand,
Der führt uns immer ins rechte Land.
Das Kind sah ihnen nach so weit.
„Zieht hin, ihr habt ein gut Geleit!"
Es blickte zum Himmel dann hinan:
„Herr führe auch mich auf rechter Bahn!"
Der hört es gern in seiner Gnade.
Bewahrt sie beide auf ihrem Pfade.

15: Kind und Kuckuck.

„Mag heute nicht in die Schule hinein, kann hier draußen viel lustiger sein! Muß da so stille sitzen und stumm, hier spring ich munter im Grase herum!" So spricht das drollige Bübchen dort, will eben die Bücher werfen fort. Da ruft der Kuckuck vom Baume ihm zu: „Thu' das nicht, mein lieber Knabe du! Ich wollte auch nicht fleißig sein, nun muß ich immer dasselbe schrei'n. Geh' gern in die Schule, dann wirst du klug; kannst nachher springen und spielen genug!"

16. Fischlein.

Fischlein, Fischlein, du armer Wicht!
Schnappe nur ja nach der Angel nicht;
Geht dir so schnell zum Halse hinein,
Reißt dich blutig und macht dir Pein.
Siehst du nicht sitzen den Knaben dort?
Fischlein, geschwinde schwimme fort!
Fischlein mocht es wohl besser wissen,
Sah nur nach dem fetten Bissen,
Meinte, der Knabe mit seiner Schnur
Wäre hier zum Scherze nur.
Da schwamm es herbei, da schnappt es zu;
Nun zappelst du, armes Fischlein du.

17. Knabe und Hündchen.

Knabe: Komm nun, mein Hündchen, zu deinem Herrn,
Ordentlich gerade sitzen lern!

Hündchen: Ach, soll ich schon lernen und bin so klein;
O, laß es doch noch ein Weilchen sein!

Knabe: Nein, Hündchen, es geht am besten früh;
Denn später macht es dir große Müh'.

Das Hündchen lernte; bald war's gescheh'n,
Da konnt' es schon sitzen und aufrecht gehn,
Getrost in das tiefste Wasser springen
Und schnell das Verlor'ne wieder bringen.
Der Knabe sah seine Lust daran,
Lernt' auch und wurde ein kluger Mann.

18. Der Vogel am Nest.

„Knabe, ich bitt' dich, so sehr ich kann: rühre mein kleines Nest nicht an! O sieh nicht mit deinen Blicken hin! Es liegen ja meine Kinder d'rin, die werden erschrecken und ängstlich schrei'n, wenn du schaust mit den großen Augen hinein."

Wohl sähe der Knabe das Nestchen gern, doch stand er, behutsam still von fern. Da kam der arme Vogel zur Ruh, flog hin und deckte die Kleinen zu, und sah so freundlich den Knaben an: „Hab' Dank, daß du ihnen kein Leid gethan!"

19. Die verkehrte Welt.

So geht's in der verkehrten Welt;
Da wird der Tisch auf die Schüssel gestellt,
Der Hahn legt die Eier, die Henne kräht,
Der Garten wird in die Blumen gesät;
Da wird die Mutter vom Kinde gewiegt,
Die Taube schwimmt, der Karpfen fliegt,

Das Kälbchen führt den Fleischer am Seil,
Und das Schwein zerhackt ihn mit dem Beil!
Da wäscht die Kuh die Mägde rein,
An den Hühnern wärmt sich der Sonnenschein
Das Nest hat sich auf den Vogel gesetzt,
Und die Schafe werden auf die Hunde gehetzt.

20. Gottes Herrlichkeit.

Das Meer ist tief, das Meer ist weit;
Doch gehet Gottes Herrlichkeit
Noch tiefer als des Meeres Grund,
Noch weiter als das Erdenrund.

So viele Fischlein wohnen d'rin,
Der Herr sieht freundlich auf sie hin,
Reicht Allen ihre Speise dar,
Führt ab und auf sie wunderbar.

So hoch die wilden Wogen geh'n;
Wenn er gebeut, sie stille steh'n;
Da führet seine treue Hand
Das Schifflein hin in's fernste Land.

21. Der Fuchs und die Gans.

„Frau Gans, sprach Fuchs, es ist so schön,
Du kannst mit mir spazieren geh'n."
Herr Fuchs, sprach Gans, ich bleib zu Haus;
Es sah wohl früher heiter aus,
Doch seit du stehest vor dem Thor,
Kommt mir's wie böses Wetter vor."
Es war nicht schlechtes Wetter eben,
Nicht Schnee noch Sturm hat es gegeben;

Der Gans nur war's nicht wohl zu Muth,
Sie kennt das Füchslein gar zu gut.
Denn hätte der sie mitgenommen,
Sie wär' nicht wieder heim gekommen.

22. Wandersmann und Lerche.

W.   Lerche, wie früh schon fliegest du
       Jauchzend der Morgensonne zu?

L.   Will dem lieben Gott mit Singen
       Dank für Leben und Nahrung bringen;
       Das ist von Alters her mein Brauch,
       Wandersmann, deiner doch wohl auch?
       Und wie so laut in den Lüften sie sang,
       Und wie er schritt mit munterm Gang,
       War es so froh, so hell den Zwei'n
       Im lieben, klaren Sonnenschein.
       Und Gott, der Herr im Himmel droben,
       Hörte gar gern ihr Danken und Loben.

23. Der Bauer und die Bienen.

„Ihr Bienen, nichts für ungut genommen, ich muß bei euch zu Gaste kommen; hab' keinen Zucker in meinem Haus, d'rum bitt' ich ein wenig Honig mir aus!"

Die Bienen sprachen in ihrem Zelt: Der Mensch ist einmal Herr der Welt; auch hat er uns Manches zu Gute gehalten, ließ frei in seinem Felde uns schalten; die duftenden Linden gab er uns preis und Ros' und Aurikel im weiten Kreis, auch hat er gezimmert uns Haus und Heerd, und weder Kaufgeld noch Miethe begehrt; drum nehm' er heute, was ihm gefällt; uns're Küche, gottlob! ist gut bestellt.

Da schnitt der Bauer den Honig aus; schon harrten die lüsternen Kinder im Haus. O, wie das Brödchen so herrlich doch schmeckt, mit schönem, güld'nem Honig bedeckt!

24. Die Nußschale.

Das kleine Lieschen fand in dem Garten eine Nuß, die noch mit der grünen Schale überzogen war. Lieschen sah sie für einen Apfel an und wollte sie essen. Kaum aber hatte sie hinein gebissen, so rief sie: Pfui, wie bitter! und warf die Nuß weg. Konrad, ihr Bruder, der klüger war, hob die Nuß sogleich auf, schälte sie mit den Zähnen ab und sagte: Ich achte diese bittere Schale nicht, weiß ich doch, daß ein süßer Kern darin verborgen steckt, der mir dann desto besser schmecken wird.

25. Das Mückchen und das Mädchen.

Ein Mückchen flog um ein Licht, das am Abende auf dem Tische stand und brannte. Da sagte ein Mädchen, welches da saß und strickte: Mückchen, bleib von dem Lichte, sonst verbrennst du dich! Das Mückchen aber folgte nicht und flog so lange auf und nieder, um und um das Licht, bis es daran seine Flügelchen sengte und in die Flamme fiel. Hab' ich es dir nicht gesagt? sprach traurig das Mädchen. Aber das arme Mückchen lag an der Flamme und starb.

———0———

Wie die Kinder sein sollen.

26. Ein fremder Mann reiste durch ein Dorf. Mehrere Knaben standen am Wege und trieben ihr Spiel. Als nun der Fremde näher kam, da wichen die Knaben links und rechts aus, nahmen ihre Mützen ab und grüßten freundlich.

Wie waren diese Knaben?

27. Der Fremde grüßte die Knaben auch und fragte sie: Welcher Weg führt nach Nürnberg?

Die Knaben riefen: Der zur linken Hand! Doch einer der Knaben, Namens Heinrich, trat hervor und führte den Mann bis zu dem Hügel, wo er den Weg ihm deutlich zeigen konnte.

Wie war Heinrich?

28. Zu einem Kinde trat ein armer, hungriger Mann und erzählte ihm, daß er den ganzen Tag nichts gegessen, und daß er auch kein Geld habe, um sich ein Stückchen Brod kaufen zu können. Das Kind sagte darauf: Da, Alter, hast du mein Butterbrod! Mich hungert nicht so sehr, wie dich.

Wie ist dieses Kind zu nennen?

29. Emil fand auf dem Wege ein Messer. Er besah dasselbe und freute sich sehr darüber, denn das Messer hatte eine weiße Schale und zwei scharfe Klingen. Er ging beiseits und schnitt sich eine Ruthe aus der Hecke. Da kam ein Mann, der blickte beständig auf dem Boden umher, als ob er etwas suche. Emil sah den Mann und dachte: der hat wohl das Messer verloren? Und der Knabe ging zum Manne und fragte, was er suche. Der Mann sprach: Ein Messer mit zwei Klingen nnd einer weißen Schale. Da griff Emil in die Tasche und gab dem Manne das Messer, das er gefunden hatte.

Welche Eigenschaft besaß dieser Knabe?

30. Christian veranlaßte nie Zank und Streit. Wenn es ja so arg wurde, daß er es nicht mehr aushalten konnte, so ging er in der Stille fort. Zankten und stritten seine

Kameraden unter sich, so war er immer bemüht, durch gute Worte sie wieder zu besänftigen.

Wie war Christian?

31. Wenn die Eltern zu Emilie sagten: Thue das! so that sie es gleich und mit Freuden. Wurde sie fortgeschickt, so ging sie hurtig und kam bald wieder. Wollten die Eltern Etwas nicht haben, so durften sie nur winken und Emilie unterließ es.

Wie ist dieses Mädchen zu nennen?

32. Anna ging gern in die Schule. Sie setzte sich still an ihren Platz, schaute sich nicht um, hörte nicht auf das, was andere Kinder sprachen oder thaten, sondern sah blos auf den Lehrer, merkte nur auf seine Worte und Zeichen. Wenn gelesen wurde, sah sie immer in ihr Büchlein und las in der Stille mit. Sobald der Lehrer sie bei'm Namen rief, konnte sie im Lesen fortfahren. Sie lernte recht viel und der Lehrer liebte und lobte sie.

Wie kannst du Anna nennen?

33. Eine Mutter saß mit ihrem Söhnlein bei'm Abendscheine in der Wohnstube. Da kam der Vater aus dem Garten herauf; er war betrübt und sprach mit ernster Stimme: O, was habe ich im Garten gesehen! Die Blüthen an zwei Obstbäumchen sind fast alle abgerupft. Wer hat mir so meine Freude zerstört? Die Mutter wurde auch betrübt, und der Sohn sah erschrocken zu Boden. Da fragte ihn der Vater: Weißt du nicht, wer mir die Blü=then zerstörte? Da blickte das Söhnlein den Vater traurig an und sprach: Ach, Vater, ich hab' es gethan! Die

Eltern warnten den Knaben; er aber wünschte ihnen gute Nacht und ging mit Thränen in sein Schlafkämmerlein.

Wie redete dieser Knabe?

Wie die Kinder nicht sein sollen.

34. Otto wurde einst in der Schule von seinem Nachbar gebeten, ihm eine Feder zu borgen, aber Otto sagte: Ich habe keine Feder für dich; sieh, wo du eine bekommst.

Ein andermal bat ihn derselbe Knabe, er möchte ihm sein Blumenbeet begießen helfen, weil ihm die Gießkanne zu schwer sei! Dinge dir einen Knecht! sagte er und ging seines Weges fort.

Wie war Otto?

35. Antonie konnte nicht das Geringste verschweigen. Was an jedem Tage in dem Hause der Eltern gegessen, getrunken, gethan und gesprochen wurde, wußten am folgenden Morgen schon alle Kinder in der Schule und die meisten Nachbarn im Orte. Ja, sie sagte sogar Dinge, die ihr verboten worden waren und die nicht Jedermann wissen sollte.

Welchen häßlichen Fehler hatte Antonie an sich?

36. Wenn der kleine Ludwig seinen Willen nicht haben konnte, so ward er gleich böse und lärmte so lange, bis man that was er haben wollte. Die guten Eltern hatten ihm zuweilen nachgegeben, und so dachte Ludwig, er müsse immer seinen Willen haben. Endlich fingen die Eltern an, ihm seine unzeitigen Wünsche abzuschlagen und ihn zu züchtigen, wenn er sich erboste, und so wurde Ludwig von seinem Fehler wieder befreit.

Wie war Ludwig zu nennen?

37. Hanne aß einmal ganz allein zu Mittag, weil ihre Eltern verreist waren. Nachdem sie sich satt gegessen hatte, wollte sie zum Fenster hinaus sehen und stieg deswegen auf einen Stuhl. Hanne hatte dabei die Gabel in der Hand behalten; sie that einen Fehltritt, stürzte vom Stuhle und fiel mit dem rechten Auge gerade in die Spitze der Gabel. Der Stich hatte den Augapfel getroffen. Hanna mußte große Schmerzen leiden und konnte mit diesem Auge nicht wieder sehen.

Wie war dieses Mädchen?

38. Johann konnte sich weder mit seinen Geschwistern noch mit seinen Kameraden vertragen. Bald schimpfte, bald schlug er sie und fing mit jedem Kinde Händel an. Als er größer wurde, bekam er in einem Streite einen unglück= lichen Schlag an den Kopf, woran er nach wenigen Tagen sterben mußte.

Wie war Johann?

39. Der Ritt um die Welt.

„Mütterchen, sieh nur mein Pferdchen an, wie es gut laufen und springen kann!" So rief einst Hänschen ohne Ruh' der lächelnden Mutter zehnmal zu; und ritt in der Stube hin und her, um den Tisch und die Stühle kreuz und quer, und peitscht' sein Pferdchen, und war im Nu bald hier bald dort; an keinem Ort wollt's Pferdchen halten und stehen; es drohte gar durchzugehen.

„Nimm dich in Acht, rief die Mutter, mein Sohn! Das Roß läuft am Ende mit dir davon. Dann hätt' ich kein gutes Hänschen mehr, und weint' und seufzt' und jammerte sehr." „Sei ruhig, gut Mütterchen, weine nur nicht!" hierauf der muntere Knabe spricht; „ich komme gleich wieder, ich komme bei Zeiten; ich will nur noch einmal die Welt umreiten!" Und ritt. Plump fiel er nieder und seufzte: „Da bin ich schon wieder!"

40. Der Bettler.

Habt Erbarmen, habt Erbarmen! Seht mein Elend, meine Noth! Gebt mitleidig doch mir Armen einen Pfennig oder Brod! Schon zwei Tage kam kein Bissen Speise, ach, in meinen Mund; Steine waren meine Kissen und mein Bett der Wiesengrund.

O wie reich war ich als Knabe, von den Eltern hochge= liebt; aber wehe mir, ich habe sie bis in den Tod betrübt. Ich verschmähte ihre Lehren, kehrt' mich nie an ihre Gunst, wollte nichts vom Lernen hören, nichts von Arbeitslust und Kunst. Ach, mein Loos ist nun, zu darben! Traute Kinder, seht mich an! Jammer, Elend sind die Garben, die die Faul= heit ernten kann.

41. Das Ungewitter.

Kind. Ach, Mutter, ein Ungewitter bricht los; ich bitte, nimm mich auf deinen Schooß! Laß fest das Köpfchen mich an dich schmiegen, so wird mich der böse Donner nicht kriegen.

Mutter. Ei, liebes Kind, was sprichst Du da! Schau auf, der liebe Gott ist nah! Auf seinem flammenden Wolken= wagen wird er herab zur Erde getragen. Der Blitz gehorcht ihm, der Donner auch; er kommt und rührt an Baum und Strauch. Da schmücken sich Beide mit jungem Grün, da muß der Lack und die Primel blüh'n; bald singt auch der Fink und die Amsel darein; das wird ein lustiges Leben sein!

Da kam das Kind mit Aug' und Ohr aus seinem dunkeln Verstecke hervor; es konnte Blitz und Donner vertragen, dacht' freudig nun an den Wetterwagen und an des guten Gottes Macht, der den herrlichen Frühling hervorgebracht.

42. Die kleine Wohlthäterin.

Es war ein kalter, strenger Winter. Da sammelte die kleine Mina, die einzige Tochter wohlhabender Eltern, die Krümchen und Brodsamen, die übrig blieben und bewahrte sie. Dann ging sie hinaus zweimal des Tages auf den Hof und streute die Krümchen hin. Und die Vöglein flogen herbei und pickten sie auf. Dem Mädchen aber zitterten die Hände vor Frost in der bittern Kälte. Da belauschten sie die Eltern und freuten sich des lieblichen Anblicks und sprachen: „Warum thust du das, Mina?

„Es ist ja Alles mit Schnee und Eis bedeckt," antwortete Mina, daß die Thierchen Nichts finden können; nun sind sie arm. Darum füttere ich sie, sowie die reichen Menschen die armen unterstützen und ernähren."

Da sagte der Vater: „Aber du kannst sie doch nicht alle versorgen!"

Die kleine Mina antwortete: „Thun denn nicht alle Kinder in der ganzen Welt wie ich, so wie ja auch alle reichen Leute die armen verpflegen?

43. Bienchens Lehren.

Wenn das Bienchen sprechen könnt',
Weiß ich, was es spräche:
„Leutchen! ei es wundert mich,
Daß ihr seid so träge.
Arbeit und Bewegung macht
Uns das Leben heiter.
Wenn der Blumenkelch ist leer,
Flieg ich fröhlich weiter.

Leutchen! ei es wundert mich,
Daß ihr gerne zanket.
Alle Freude läuft davon,
Wenn der Friede wanket.
In dem engen Bienenstock
Muß man sich vertragen.
Und den Friedensstörer muß
Man zum Kuckuck jagen.

Leutchen! ei es wundert mich,
Daß ihr nicht gehorchet,
Und nicht Jedem dankbar seid,
Welcher für euch sorget.
Unsrer lieben Königin
Folgen wir mit Freuden,
Und wer sie verletzen will,
Hat mit uns zu streiten."

44. Die kluge Maus.

Eine Maus kam aus ihrem Loche und sah eine Falle. "Aha, sagte sie, da steht eine Falle! Die klugen Menschen! Da stellen sie mit drei Hölzchen einen schweren Ziegel aufrecht, und an eines der Hölzchen stecken sie ein Stückchen Speck. Das nennen sie dann eine Mausefalle. Ja, wenn wir Mäuschen nicht klüger wären! Wir wissen wohl, wenn man den Speck fressen will, klapps! fällt der Ziegel um und schlägt den Näscher todt! Nein, nein, ihr Menschen, ich kenne eure List! Mich sollt ihr sicher nicht fangen!"

"Aber, fuhr das Mäuschen fort, r i e c h e n darf man schon daran. Vom bloßen Riechen kann die Falle nicht zufallen. Und ich rieche den Speck doch für mein Leben gern. Ein wenig riechen muß ich daran."

Es lief unter die Falle und — roch an dem Speck. Die Falle war aber ganz lose gestellt, und kaum berührte es mit dem lüsternen Näschen den Speck, klapps! — fiel die Falle zusammen, und — das kluge Mäuschen war zerquetscht.

Wenn du deine Lüsternheit nicht ganz und gar zu bekämpfen verstehst, so bringt sie dich doch immer noch in Gefahr.

45. Die Grasprinzessin.

Auf der Wiese, wo das grüne Gras steht und die bunten Blumen blühen, lebte eine kleine Prinzessin, winzig klein, kleiner als ein Püppchen, in einem niedlichen Schlosse, das in dem tiefen Grase versteckt ist. Wenn es nun Morgen wird, und die Sonne aufgeht, und die Vögelchen aufwachen, dann wacht auch die Prinzessin auf und springt munter aus ihrem kleinen Bettchen. Dann geht sie hin zum Thautröpfchen und sagt: Ich möchte mich waschen! Und sogleich spricht die Blume: Ich will dein Waschnäpfchen sein! Und wenn sie sich gewaschen hat, geht sie zum Bächlein, das sagt: Ich will dein Spiegelchen sein! Und wenn sie sich geputzt hat, dann sagt das Blättchen: ich will dein Sonnenschirm sein! Die Prinzessin geht nun mit dem kleinen Sonnenschirm auf der Wiese spazieren; da kommt ein Schmetterling und sagt: Komm, setz' dich auf, ich will dein Pferdchen sein! Und der Schmetterling nimmt sie auf seinen Rücken und fliegt auf die Blumen und die Halme und die Blätter und schaukelt sie so lange hin und her, bis sie müde und hungrig ist. Nun bringt das Bienchen Honig auf den Tisch und der Goldkäfer trägt ein goldenes Löffelchen herbei, womit die kleine Prinzessin ißt. Wenn nun die Sonne hinabgesunken ist, so kommt das Johanniskäferchen und leuchtet ihr in ihr kleines Schlafgemach, die Nachtigall singt ihr das Abendlied, und sie schläft ruhig, bis an den lichten Morgen.

46. Die Ruthe.

Kind: Ruthe, was fang ich mit dir an,
       Hast mir so viel zu Leid gethan!

Ruthe: Nicht doch, du darfst nicht böse sein,
       Ist ja das Alles zum Besten dein.

Kind: Weiß wohl; aber es thut doch weh;
       Geh nur, du schlimme Ruthe, geh!
       Es sah mit verdrießlichen Augen sie an:
       Ob ich sie los nicht werden kann?
       Da hört' es so recht auf der Mutter Wort,
       War artig und freundlich in Einem fort;
       Die Ruthe dort hinter dem Spiegel verschwand,
       Ich glaube, sie haben sie gar verbrannt.

47. Der erste Strumpf.

Kommt, Schwestern, ruft mit mir Triumph,
Triumph! durch's ganze Land.
Hier ist der erste kleine Strumpf
Gestrickt von meiner Hand.

Nun rechnet' mal die Maschen aus,
Die ich da abgestrickt!
O, es sind mehr als ich zum Strauß
Je Blümchen abgepflückt.

Und seht, noch ist die Hand gesund,
Kein Fingerchen entzwei,
Und wie im Spiel flog manche Stund'
Im Stricken mir vorbei.

48. Die Liliputer.

In Liliput — ich glaub' es kaum,
Doch man erzählt's — giebt's Leute,
So groß, als ungefähr ein Daum;
Man denk' erst in die Weite!
Da müssen sie gewiß so klein,
Als bei uns eine Mücke sein.

O wär' ich bort, wie groß wär' ich!
Man nennte mich den Riesen,
Und mit den Fingern würd' auf mich,
Wo man mich säh', gewiesen:
„Dort," sprächen sie, „dort gehet er!"
Und vor mir ging Bewund'rung her.

Doch wenn ich nun nicht klüger wär',
Als jetzt; sie aber wären
Gesitteter, verständiger,
Wie? würden sie mich ehren?
Ich glaube kaum. Sie würden schrei'n:
„Am Leibe groß, am Geiste klein!"

49. Vom listigen Grasmücklein.

Klaus ist in den Wald gegangen, weil er will die Vöglein
fangen; auf den Busch ist er gestiegen, weil er will die Vöglein
kriegen.

Aber's Vögelein, das alte, schaut vom Nestlein durch die
Spalte, schaut und zwitschert: „Ei der Daus! Kinderlein, es

kommt der Klaus, hu, mit einem großen Prügel! Kinderlein, wohl auf die Flügel!" Prr da flatterts: hasch, husch, husch! leer das Nest und leer der Busch. —

Und die Vöglein lachen Klaus mit dem großen Prügel aus, daß er wieder heimgegangen, zornig, weil er nichts gefangen, daß er wieder heimgestiegen, weil er konnt' kein Vöglein kriegen.

50. Der Tanzbär.

Ei, sehet doch, der Bär, der Bär!
Mit schwerem Schritt trabt er daher!
Der Mann dort mit dem Ranzen,
Der lässet ihn hübsch tanzen,
Die Trommel brummt, die Pfeife quickt,
Wie sich's zu solchem Tanze schickt.

Der Bär ist gar ein faules Thier,
Verschläft sein halbes Leben schier;
Darum bekommt der Träge
Vom Treiber viele Schläge.
Wollt ihr vor Strafen sicher sein,
Arbeitet brav und lernet fein!

Der Bär, der ist ein Leckermaul,
Im Honigrauben gar nicht faul;
Die Bienen sich zu rächen,
Mit manchem Stich ihn stechen.
Seht solchen schmerzenvollen Lohn
Trägt oft die Leckerei davon.

Der Bär, der brummt ohn' Unterlaß
Im zornigen ergrimmten Baß;
D'rum, Kinder, laßt euch wehren
Und brummt nicht wie die Bären,
Sonst legt man euch an Ketten an,
Wie diesen armen Zottelmann.

Der Bär, der Bär, der grobe Bär
Ist naschhaft, faul und brummt gar sehr,
D'rum kann er wieder gehen,
Wir haben g'nug gesehen!
Wir wollen fleißig, mäßig, sein,
Und keine Brummelbären sein!

51. Die Jahreszeiten.

Frühlingszeit, schönste Zeit, die uns Gott, der
Herr verleiht, weckt die Blümlein aus der Erde, Gras und
Kräuter für die Heerde; läßt die jungen Lämmer springen;
läßt die lieben Böglein singen. Menschen eures Gottes denkt,
der euch so den Frühling schenkt!

Sommerzeit, heiße Zeit, Sonne brennt wohl weit
und breit; aber Gott schickt milden Regen, schüttet alles Feld
voll Segen, schenkt dem Schnitter volle Aehren, Brod's genug,
uns All' zu nähren. Menschen, merkt es, Gott ist gut, daß er
so im Sommer thut.

Herbsteszeit, reiche Zeit, Gott hat Segen ausge=
streut, daß sich alle Bäume neigen von den fruchtbeladenen
Zweigen, schaut umher mit Vaterblicken, wie sich alle d'ran
erquicken. Menschen, nehmt die Gaben gern, aber ehret auch
den Herrn!

Winterszeit, kalte Zeit; aber Gott schenkt warmes Kleid, dichten Schnee der kahlen Erde, warmes Wollenfell der Heerde, Federn weich den Vogelschaaren, daß sie keine Noth erfahren; Menschen, Haus und Herd auch euch; lobt ihn, der so gnadenreich!

52. Das gute Kind.

Eine Mutter lag krank und litt große Schmerzen. Ihre Kinder waren traurig und niedergeschlagen, und das kleinste stand fast den ganzen Tag bei dem Bette und fragte die Mutter beständig, wann sie wieder gesund werden und aufstehen würde. Einst sah dieses Kind bei dem Bette ein Arzneiglas stehen und fragte: „Mutter was ist denn dies?" Die Mutter antwortete: „Kind, dies ist etwas gar Bitteres; und doch muß ich es trinken, damit ich wieder gesund werde." „Mutter," sagte das gute Kind, „wenn es so bitter ist, will ich es für dich trinken, damit du wieder gesund werdest." Und die kranke Mutter hatte bei allen ihren Schmerzen Trost und Linderung, da sie sah, wie sehr sie von ihren Kindern geliebt wurde.

53. Die Sperlinge unter dem Hute.

Ein ziemlich großer Bauernjunge, Namens Michel, hatte Spatzen gefangen; und weil er nicht wußte, wohin damit, so that er sie in seinen Hut, und stülpte diesen so auf den Kopf. Man kann denken, was das für ein Getümmel auf dem Kopfe war. Nun begegnete ihm ein Fremder, der grüßte ihn freund= lich und sprach ihn an: „Guter Freund, wo geht der Weg hinaus?" Weil aber der Michel die Spatzen auf dem Kopfe hatte, so dachte er: Was geht dich der Fremde an! ließ seinen Hut sitzen, und gab gar keine Antwort. Der Fremde sagte zu sich selbst: Hier müssen grobe Leute wohnen, und ließ den

Michel weiter gehen. Jetzt begegnete ihm der Amtmann, den pflegten alle Leute zu grüßen; der Michel that es aber nicht, einmal weil er die Spatzen unter dem Hute hatte, und zweitens, weil er ein Grobian von Haus aus war. Der Amtmann aber sagte zu dem Gerichtsdiener mit dem rothen Kragen, welcher hinter ihm her ging: „Sieh' doch einmal, ob dem Burschen dort der Hut angeleimt ist?" Der Gerichts= diener ging hin und sprach: „Hör' einmal Michel, der Herr Amtmann möchte einmal sehen, wie dein Hut inwendig aus= sieht. Flugs zieh ihn ab!" Der Michel aber zögerte immer noch, und wußte nicht, wie er es machen sollte. Da riß ihm der Gerichtsdiener den Hut herunter und — brr! flogen die Spatzen heraus nach allen Ecken und Enden. Da mußte der Amtmann lachen, und alle Leute lachten mit. Der Michel aber hieß von der Stunde an der Spatzenmichel, und wenn Einer seinen Hut oder seine Kappe vor Fremden nicht abzieht, so sagt man noch heutigen Tages: „Der hat gewiß Spatzen unter dem Hute."

54. Der Wiederhall.

Der kleine Georg wußte noch nichts von dem Wieder= halle. Einmal schrie er auf der Wiese: Ho, hopp! Sogleich rief's im nahen Wäldchen auch: Ho, hopp! Er rief hierauf verwundert: Wer bist du? Die Stimme rief auch: Wer bist du? Er schrie: Du bist ein dummer Junge! und dummer Junge! hallte es aus dem Walde zurück.

Georg ward ärgerlich und rief immer ärgere Schimpf= namen in den Wald hinein. Alle hallten getreulich wieder zurück. Er suchte hierauf den vermeinten Knaben im ganzen Wäldchen, um sich an ihm zu rächen, konnte aber Niemand finden. (2)

Hierauf lief er nach Hause und klagte es der Mutter, wie sich ein böser Bube im Walde versteckt und ihn geschimpft habe.

Die Mutter sprach: Diesmal hast du dich selbst angeklagt. Du hast nichts vernommen, als den Wiederhall deiner eigenen Worte. Hättest du ein freundliches Wort in den Wald hinein gerufen, so wäre dir auch ein freundliches Wort zurück ge= kommen.

So geht es aber im gewöhnlichen Leben. Das Betragen Anderer gegen uns ist meistens nur der Wiederhall des unsrigen gegen sie. Begegnen wir den Leuten freundlich, so begegnen sie auch uns freundlich. Sind wir aber gegen sie unfreundlich, roh und grob, so dürfen wir von ihnen nichts Besseres erwarten.

Wie du hineinrüfst in den Wald,
Die Stimme dir entgegen hallt.

55. Der grüne Zweig.

Fritz war ein leichtsinniger, muthwilliger Knabe. Er achtete nicht auf gute Lehren, ja er machte sich sogar darüber lustig.

Eines Tages ging er mit seiner Schwester Sophie in den Garten. Sophiens Gartenbeetlein war voll der schönsten Blumen; Fritzens Gartenbeet aber war ganz verwildert und voll Unkraut.

„Bruder! Bruder! sagte das ordentliche Mädchen, du hast deine Sachen doch gar nicht in Ordnung. Denk an mich, es geht dir noch, wie die Mutter sagt: Du kommst in deinem Leben auf keinen grünen Zweig.

Friß lachte, kletterte auf den großen Birnbaum und schrie: „Sophie! da sieh' einmal herauf! Jeßt bin ich sogar auf einen grünen Ast gekommen!"

Krach! — brach der Ast. Friß fiel herab und brach den Arm.

Mit guten Lehren Muthwill' treiben,
Kann niemals ungestrafet bleiben.

56. Der Weinberg.

Ein Vater sagte auf seinem Sterbebette zu seinen drei Söhnen: „Liebe Kinder! Ich kann euch nichts zurück lassen, als diese unsere Hütte und den Weinberg daran, in dem aber ein Schaß verborgen liegt. Grabt fleißig in dem Weinberge, so werdet ihr den Schaß finden."

Nach dem Tode des Vaters gruben die Söhne den gan= zen Weinberg mit dem größten Fleiße um, fanden aber weder Gold noch Silber. Dagegen brachte der Weinberg, weil sie ihn so fleißig bearbeitet hatten, eine viel größere Menge von Trauben hervor, als sonst, und sie lösten dafür noch einmal so viel Geld.

Da fiel den Söhnen ein, was ihr seliger Vater mit dem Schaße gemeint habe, und sie schrieben an die Thüre des Weinbergs mit großen Buchstaben:

Die rechte Goldgrub' ist der Fleiß
Für den, der ihn zu üben weiß.

57. Der Staar.

Der alte Jäger Moriß hatte in seiner Stube einen abgerichteten Staar, der einige Worte sprechen konnte. Wenn zum Beispiele der Jäger rief: Stärlein, wo bist du? so schrie der Staar allemal: Da bin ich!

Des Nachbars kleiner Karl hatte an dem Vogel eine ganz besondere Freude und machte demselben öfters einen Besuch. Als Karl wieder einmal hinkam, war der Jäger eben nicht in der Stube. Karl fing geschwind den Vogel, steckte ihn in die Tasche und wollte damit fortschleichen.

Allein in eben dem Augenblicke kam der Jäger zur Thüre herein. Er dachte dem Knaben eine Freude zu machen, und rief wie gewöhnlich: Stärlein, wo bist du? — Und der Vogel in der Tasche des Knaben schrie, so laut er konnte: Da bin ich!

Ein Diebstahl sei so schlau er mag,
Er kommt oft seltsam an den Tag.

58. Das Hufeisen.

Ein Bauersmann ging mit seinem Sohne Thomas über Feld. „Sieh, sprach der Vater unterwegs, da liegt ein Stück von einem Hufeisen auf der Straße. Heb' es auf und steck' es ein!"

„Ei, sagte Thomas, das ist ja nicht der Mühe werth, daß man sich darum bücke!

Der Vater hob das Eisen stillschweigend auf und schob es in die Tasche. Im nächsten Dorfe verkaufte er es dem Schmiede für einige Pfennige, und kaufte für das Geld Kirschen.

Beide gingen weiter. Die Sonne schien sehr heiß; weit und breit war kein Haus, kein Baum und keine Quelle zu sehen, und Thomas verschmachtete beinahe vor Durst.

Da ließ der Vater von ungefähr eine Kirsche fallen; Thomas hob sie so begierig auf, als wäre sie Gold, und fuhr damit sogleich dem Munde zu. Nach einiger Zeit ließ der

Vater wieder eine Kirsche fallen; Thomas bückte sich eben so schnell darnach. So ließ der Vater ihn nach und nach alle Kirschen aufheben, und als Thomas die letzte verzehrt hatte, wandte der Vater sich lächelnd um und sprach: „Sieh', wenn du dich um das Hufeisen ein einziges Mal hättest bücken mögen, so hättest du dich um die Kirschen nicht so viele Male bücken müssen. Erkenne daraus, wie gut und wahr das alte Sprüchlein sei:

> Wer kleine Ding' nicht achten mag,
> Hat oft um klein're Müh' und Plag.

59. Die fromme Schwester.

Jakob und Anna waren einmal allein zu Hause. Da sagte Jakob zu Anna: „Komm, wir wollen uns etwas Gutes zu essen suchen, und es uns recht wohl schmecken lassen!"

Anna sprach: Wenn du mich an einen Ort hinführen kannst, wo es Niemand sieht, so geh' ich mit dir.

„Nun, sagte Jakob, so komm mit in das Milchkämmerlein; dort wollen wir eine Schüssel voll süßen Rahmes verzehren."

Anna sprach: Dort sieht es der Nachbar, der auf der Gasse Holz spaltet.

„So komm mit mir in die Küche, sagte Jakob; in dem Küchenkasten steht ein Topf voll Honig. In diesen wollen wir unser Brod eintunken."

Anna sprach: Dort kann die Nachbarin hereinsehen, die an ihrem Fenster sitzt und spinnt.

„So wollen wir drunten im Keller Aepfel essen, sagte
Jakob. Dort ist es stockfinster, daß uns gewiß Niemand
sieht."

Anna sprach: O mein lieber Jakob! Meinst du denn
wirklich, daß uns dort Niemand sehe? Weißt du nichts von
jenem Auge dort oben, das die Mauern durchdringt und in's
Dunk'le sieht?

Jakob erschrack und sagte: „Du hast Recht, liebe
Schwester! Gott sieht uns auch da, wo uns kein Menschen-
auge sehen kann. Wir wollen daher nirgends Böses thun."

Anna freute sich, daß Jakob ihre Worte zu Herzen
nahm, und schenkte ihm ein schönes Bild; das Auge Gottes,
von Strahlen umgeben, war darauf abgebildet, und unten
stand geschrieben:

Bedenke, Kind, daß, wo du bist,
Gott überall dein Zeuge ist.

60. Die drei Schmetterlinge.

Es waren einmal drei Schmetterlinge ein weißer, ein
rother und ein gelber, die spielten gar einmüthiglich und
brüderlich im Sonnenschein und tanzten bald auf diese Blume,
bald auf jene, und wurden gar nicht müde, so gut gefiel es
Ihnen. Da kam plötzlich ein Regen und machte sie naß;
sie wollten nach Hause fliegen, aber die Hausthüre war zuge-
schlossen, und sie mußten im Regen stehen bleiben und
wurden immer nässer. Da gingen sie hin zur Lilie, und
sagten: „Gute Lilie, mach uns dein Blümchen ein wenig
auf, daß wir nicht naß werden!" Da sagte die Lilie: „Den
Weißen will ich wohl aufnehmen, der sieht aus wie ich;
aber die andern mag ich nicht." Der Weiße sagte: „Wenn
du meine Brüder nicht aufnimmst, so mag ich auch nicht

zu dir. Wir wollen lieber zusammen naß werden, als daß Einer die Andern im Stich läßt." Es regnete aber noch ärger, und sie flogen zur Tulipane und sagten: „Tulipanchen, mach uns ein wenig dein Blümchen auf, daß wir hinein= schlüpfen und nicht naß werden." Die Tulipane aber sagte: „Dem Gelben und Rothen will ich aufmachen, aber den Weißen mag ich nicht." Da sagten die Beiden, der Rothe und der Gelbe: „Wenn du unsern Bruder Weißen nicht aufnimmst, so wollen wir auch nicht zu dir." Und so flogen sie zusammen fort. Aber die Sonne hatte es hinter den Wolken gehört, daß die drei Schmetterlinge so brüderlich zusammen hielten, und sie jagte den Regen fort und schien wieder hell in den Garten und trocknete den Schmetterlingen die Flügel. Da tanzten sie wieder und spielten, bis es Abend war, und dann gingen sie zusammen nach Hause und schliefen.

61. Der Strohmann.

Ein Bauer hatte einen gar schönen Waizenäcker; die Aehren waren voll Körner, und die Körner waren voll Mehl und sie waren beinahe reif. Da kamen die bösen Spatzen und fielen ihm in seinen Waizen und fraßen die halbreifen Körner, und wenn sie es so fortgetrieben hätten, so hätte der Mann gar nichts bekommen. Da ging er des Morgens in aller Frühe hinaus, um auf die Spitzbuben zu schießen; allein als er hinkam, waren sie schon da gewesen, denn die Spatzen stehen noch früher auf, als die Bauern. Sie hatten ihm schon wieder ein Stück Waizen ausgefressen und saßen nun auf des Nachbars Kirschbaum und naschten Kirschen und lärmten, als ob sie sich über ihre Spitzbüberei freuten. Der Bauer ratzte sich hinter den Ohren und besann sich was er machen sollte, denn seinen guten Waizen wollte er ihnen doch nicht lassen. Auf einmal fiel ihm ein Mittel ein. Als er nach Hause kam, nahm er einen Stock, so groß als ein Mensch, wickelte Stroh darum, bis er dick genug war, und machte ihm zwei Arme, zog ihm dann seinen alten Rock an, setzte ihm seinen alten Hut auf und gab ihm eine große Peitsche in die Hand. Als die Spatzen schlafen gegangen waren, nahm er dies Ungethüm, trug es hinaus und stellte es mitten in seinen Waizenacker, gerade, als wenn es ein lebendiger Mann wäre.

Den andern Morgen, sobald die Spatzen aufwachten, flogen sie eiligst nach dem Acker, wo sie es sich gut schmecken lassen wollten; aber als sie hinkamen, siehe da, da stand schon der Bauer in seinem alten Hute und drohte ihnen mit der Peitsche. Da es so gefährlich aussah, getrauten sie sich nicht herbeizufliegen, sondern lauerten in der Nachbar= schaft, ob denn der Peitschenmann gar nicht nach Hause gehen würde. Aber er ging nicht, sie mochten warten, so lange sie wollten. Endlich flogen die Herren Spatzen mit hungrigem Magen nach Hause und kamen auf den Acker des Bauers nie wieder.

62. Die Kinder und der Mond.

Die Sonne war unter gegangen, und es wollte schon dunkel werden, aber die Kinder waren noch nicht alle zu Hause bei ihrer Mutter. Zwei Kinder waren noch auf dem Felde, und hatten über dem Spiel vergessen, daß man des Abends, ehe es dunkel wird, nach Hause kommen muß. Als es nun aber immer mehr Nacht wurde, da wurde es ihnen bange und sie weinten, denn sie wußten den Weg nicht recht zu finden, und es war doch sehr weit. Auf einmal wurde es hell hinter den Bäumen, und sie sahen ein rundes Licht heraufsteigen, das war der Mond. Als dieser die Kinder gewahr wurde, sagte er: „Guten Abend, Kinderchen, was macht ihr so spät auf dem Felde?" Die Kinder waren Anfangs sehr erschrocken; als sie aber sahen, daß der Mond freundlich lächelte, faßten sie ein Herz und sprachen: „Ach, wir haben uns verspätet, und nun finden wir den Weg nicht mehr zu unserer Mutter, weil es Nacht ist." Und sie weinten so laut, daß es den guten Mond rührte. Da sprach er zu ihnen: „Wenn ihr das Haus kennt, wo eure Mutter wohnt, so will ich euch ein wenig leuchten, daß ihr den Weg findet." Und der Mond leuchtete ihnen so helle, als wenn es wieder Tag geworden wäre, und die Kinder faßten Muth, und eilten so sehr sie konnten, und fanden glücklich den Weg. Als sie vor der Hausthür standen, sagten sie: „Schönen Dank, lieber Mond, daß du uns geleuchtet!" Er antwortete: „Es ist gern geschehen. Aber eilt nun, daß ihr zu eurer Mutter kommt; sie wartet auf euch mit Sorg und Schmerzen."

63. Die Sonnenstrahlen.

Die Sonne war aufgegangen und stand mit ihrer schönen glänzenden Scheibe am Himmel; da schickte sie ihre Strahlen aus, um die Schläfer in dem ganzen Lande zu wecken. Da kam ein Strahl und weckte die Lerche die schwang sich in die Luft hinauf und sang: „liri, liri, li, schön ist's in der Früh." — Ein anderer Strahl kam zu dem Häschen und weckte es auf. Das rieb sich die Augen nicht lange, sondern sprang aus dem Walde in die Wiese, und suchte sich das schönste Gras und die schönsten Kräuter zu seinem Frühstück. — Und ein dritter Strahl kam an das Hühnerhaus; nun rief der Hahn:

„kikiriki!" und die Hühner flogen alle von ihrer Stange
und machten: „gluck! gluck! gluck!" und liefen in den
Hof und suchten sich Futter und legten Eier in's Nest. —
Und ein vierter Strahl kam zu den Täubchen die riefen:
„ruckediku! die Thür ist noch zu!" Und als die Thür
aufgemacht war, da flogen sie alle in's Feld, und liefen
über den Erbsenacker und lasen sich Körner auf. — Ein
fünfter Strahl kam zu dem Bienchen; das kroch aus seinem
Bienenkorbe hervor, wischte sich die Flügel ab, summte und
flog über Blumen und blühende Bäume und trug den Honig
nach Haus. — Da kam der letzte Strahl an das Bett des
Faullenzers und wollte ihn wecken; allein der stand nicht
auf, sondern legte sich auf die andere Seite und schnarchte,
während alle Andern arbeiteten. Als er endlich hervorkroch,
konnte er den halben Tag über nicht frei und fröhlich aus
den Augen schauen, arbeitete lässig und hatte am Mittag nicht
so viel, daß er sich satt essen konnte.

64. Guter Gebrauch des Geldes.

Mutter: Was hast du mit deinem Gelde ge=
macht?

Karoline: Ich habe es verschenkt, liebe Mutter.

Mutter: Wem hast du es geschenkt?

Karoline: Einem unartigen Jungen.

Mutter: Damit er artig würde?

Karoline: Ja, Mutter, damit er artig würde. —
Nicht wahr, die kleinen Vögel gehören dem lieben Gott?

Mutter: So, wie wir selbst und alle anderen
Geschöpfe, die Gott gemacht hat.

Karoline: Nun, der Junge hatte dem lieben Gott einen Vogel weggestohlen, den bot er mir zum Kauf an. Der Vogel schrie jämmerlich, und der Junge hielt ihn in der Hand und wollte ihn nicht schreien lassen. Ich glaube, er fürchtet sich, daß der liebe Gott es hören und schelten würde.

Mutter: Und du?

Karoline: Ich gab dem Jungen das Geld, und den Vogel gab ich dem lieben Gott wieder. Ich glaube er wird sich recht darüber gefreut haben.

Mutter: Ganz gewiß hat er sich darüber gefreut, daß du mitleidig warest. — Du hast mit deinem Gelde gut hausgehalten. Hier hast du wieder eines und dazu noch einen Kuß.

65. Die Ameisen.

Mutter: Karl, was machst du denn da im Garten?

Karl: Ich sehe einem Haufen Ameisen zu. O, wie es da durch einander wimmelt!

Mutter: Das sind gute Thierchen: aber nur nicht für den Garten.

Karl: So muß man sie wohl todt machen? Warte, ich will gleich —

Mutter: Nur nicht gleich todt machen. Wir wollen sie lieber vertreiben und nöthigen, ihre Wohnung anderwärts zu suchen.

Karl: Aber die Thiere, welche schädlich sind, darf man doch wohl tödten?

Mutter: Wenn der Schaden nicht anders abzu= wenden ist, dann muß man sie schnell und ohne Marter todt machen. Die Ameisen suchen ihre Nahrung, und das ist ihnen nicht zu verdenken. Freilich thun sie dadurch in dem Garten, in welchem sie sich aufhalten, Schaden; aber sie haben doch auch ihren Nutzen.

Karl: Was haben sie denn für Nutzen?

Mutter: Von den Ameisenpuppen, die wir gewöhnlich Ameiseneier nennen, nähren sich die Nachtigallen, Lerchen, Wachteln und viele andere Vögel; sie machen ein zum Räuchern gutes Harz, und in den Apotheken werden die Ameisen auf vielfache Weise benutzt. Auch du, mein Sohn, kannst sie sehr gut benutzen.

Karl: Ich?

Mutter: Ja, wenn du den Fleiß und die Arbeitsamkeit der Ameisen nachahmst; denn diese kleinen Thiere sind ungemein fleißig und geschäftig. Sie tragen im Sommer viel Nahrungsmittel zusammen und legen diese in ihre Vorrathskammern, damit sie im Winter zu leben haben.

Karl: Von nun an will ich auch fleißig und arbeitsam sein, liebe Mutter; auch will ich niemals die Ameisen tödten!

Mutter: Gut wenn du das thust.

Bin ich auch noch jung und klein,
Fleißig kann ich doch schon sein.

66. Die Kinder im Walde.

Es blieben einst drei Kinder steh'n, die grad zur Schule sollten geh'n; sie dachten dies, sie dachten das; das Lernen sei ein schlechter Spaß.

Und sprachen dann mit leichtem Sinn: „Ei, laßt uns doch zum Walde hin! Das Spielen ist der Thierlein Brauch; laßt spielen uns mit ihnen auch!"

Sie luden denn im Walde ein, zum Spiel die Thiere groß und klein; doch sprachen die: „Es thut uns leid, wir haben jetzo keine Zeit!"

Der Käfer brummt: „Das wäre schön, wollt' ich mit euch so müssig geh'n! Ich muß aus Gras ein Brücklein bau'n; dem alten ist nicht mehr zu trau'n." Das Mäuslein sprach zu ihnen fein: „Ich sammle für den Winter ein," — „und ich, das weiße Täubchen sprach, zum Neste dürre Reiser trag."

Das Häschen winkte freundlich blos: „Ich könnte um die Welt nicht los; ihr seht, mein Schnäuzchen ist nicht rein das muß im Fluß gewaschen sein."

Auch selbst das Erdbeerblüthchen sprach: „Ich nütze diesen schönen Tag, zu reifen meine süße Frucht, die dann der arme Bettler sucht."

Da kam ein junger Hahn daher. Sie riefen: „Liebster Hahn, o hör! Du hast doch wahrlich nichts zu thun, und kannst ein bischen bei uns ruhn! „Verzeiht! ich hab' gar hohe Gäst' und gebe heut' ein großes Fest." So spricht der Hahn voll Gravität, verneigt sich kalt und steif und geht.

Drauf dachten sie in ihrem Sinn: „Du Bächlein plätscherst doch so hin; komm, spiel' mit uns, sei mit uns froh!" Das Bächlein sprach erstaunt: „Wie so? Ei, seht, die faulen Kinder, seht! Ich weiß nicht wo der Kopf mir steht! Sie meinen, ich hätt' nichts zu thun, und kann doch Tag und Nacht nicht ruh'n. Ich muß die Menschen,

Thiere, Felder, die Wiesen, Thäler, Berg' und Wälder, die
Alle muß das Bächlein tränken und Töpf' und Schüssel
auch noch schwänken; die Kinder waschen, Mühlen treiben,
die Bretter schneiden, Erz zerreiben, die Wolle spinnen,
Schiffe tragen, das Feuer löschen, Hämmer schlagen. Ich
kann euch Alles sagen nicht, weil mir dazu die Zeit gebricht."
So sprach's und sprang von Ort zu Ort, und husch war
gleich das Bächlein fort.

Da war ihr Muth dem Sinken nah, als Einer einen
Finken sah, der auf dem Aste saß in Ruh, und pfiff sein
Lied und fraß dazu.

Sie riefen: „Ach Herr Biedermann, der all' die schönen
Lieder kann, du hast gewiß recht viele Zeit und bist mit uns
zum Spiel bereit."

„Potz tausend! hab' ich recht gehört? Ihr Kinder scheint
mir recht bethört; ich hab' gejagt den langen Tag den Mücken
sie zu fangen, nach. Nun wollen noch die Jungen mein
in den Schlaf eingesungen sein, drum pfeiff' ich mit dem
Brüderchor den Kleinen meine Lieder vor. Ich sing' dem
Wald zur hohen Lust, ein müder Mann, aus froher Brust;
dem Herren gibt mein Mund den Preis und lobt die Arbeit
und den Schweiß. Doch sprecht, was habt denn ihr gemacht,
die also schlecht von mir gedacht? Kehrt um, ihr Müßig=
gänger, ihr! und stört die Leut' nicht länger hier!"

Von allen Thierlein so belehrt, sind drauf die Kinder
umgekehrt und wußten, daß dem Fleiß allein, des Spieles
Lust ein Preis kann sein.

67. Die Kinder und der Wind.

Es gingen einmal zwei Kinder mit einander in den Wald; es war eben Winter und grimmig kalt. Das Mädchen und das Bübchen säßen gern im warmen Stübchen, aber wenn es warm werden sollte, war es nöthig, daß man Holz holte.

Als nun die Kinder in den Wald gingen, und vor Kälte zu laufen anfingen, da begegnete ihnen der Wind. Zu dem sprach das Mädchen: „Geschwind, lieber Wind, brich uns ohne Säumen dürre Aeste von den Bäumen, daß wir bald fertig sind!"

Da hielt der Wind ein wenig still und sprach zu den Kindern: „Ich will! ich will an den Bäumen rütteln und dürres Holz herabschütteln, wenn ihr mich mitnehmt in euer Haus. Es ist so kalt heraus; ich möchte, statt herumzu=schwärmen, mich einmal am Ofen wärmen." Da dachten die Kinder, das ist nicht schlecht! Und sprachen zum Winde: „Es ist recht."

Drauf fuhr der Wind ohne Säumen rings umher in allen Bäumen. Und wie er sie rüttelte und dürres Holz herabschüttelte, sammelten es die Kinder im Flug und hatten bald mehr als genug.

Jetzt eilten sie heim in schnellem Schritt, und der Wind eben so geschwind folgte ihnen auf jedem Tritt; das Schwe=sterchen ging voraus und trat zuerst in das Haus. Dann kam das Bübchen, huschte schnell in das Stübchen, und schlug im Nu die Thür hinter sich zu. Und der Wind? — Der war noch draus, und die Kinder lachten ihn aus. Er seufzte

und winselte an Fenstern und Thüren; die Kinder ließen sich
nicht davon rühren. Sie riefen: „Geh nur wieder in den
Wald, du machst nur unser Stübchen kalt!"

Aber der Wind ward böse über das gebrochene Wort, er
zog um das Haus mit Getöse, er ging nicht fort; er brummte,
tobte und brüllte, weil das Paar sein Versprechen nicht erfüllte;
er setzte sich lauernd wach auf des Häuschens Dach und blies
oben hinein in den Schornstein. Die Kinder legten Reiser
an, aber sie wollten nicht flammen; sie bliesen sich heiser d'ran
beide zusammen; die Mutter endlich blies auch, aber all Blasen
und Husten, alles Räuspern und Pusten machte nur die Stube
voll Rauch.

Da sprach die Mutter: „Es ist nicht geheuer. Warum
brennt das Holz nicht? Warum gibt's kein Feuer? Kinder!
sagt an, was habt ihr Unrechtes gethan?" Da mußten die
Kinder gestehen, was draußen im Walde geschehen, was sie
dem Winde versprochen, und wie sie ihr Wort gebrochen. Da
sprach die Mutter: „Das war nicht recht; jeder Mensch ist
schlecht, der etwas verspricht und hält's nicht. Drum gehet
geschwind, und lasset den Wind zum Fenster oder zur Thüre
herein, dann wird er euch wieder behülflich sein."

Die Kinder thaten, was die Mutter gesagt; sie öffneten
die Thüre ganz verzagt, da kam der Wind herein und blies
in den Ofen hinein, da brannte das Feuer lustig hell, da
floh der Rauch vor dem Winde schnell und nachdem der
Wind sich gewärmt, ist er wieder hinausgeschwärmt, denn
er kann nirgend lang weilen, muß ja immer weiter eilen.

Die Kinder wollten vor Furcht und Schrecken sich unter
das Bett verstecken; da rief die Mutter: „Er ist wieder fort,
aber künftig haltet euer Wort; gegebenes Wort und Versprechen darf man selbst dem Winde nicht brechen."

68. Des Kindes Engel.

Es geht durch alle Lande
Ein Engel still umher;
Kein Auge kann ihn sehen,
Doch Alles siehet er.
Der Himmel ist sein Vaterland,
Vom lieben Gott ist er gesandt.

Er geht von Haus zu Hause;
Und wo ein gutes Kind
Bei Vater oder Mutter
Im Kämmerlein sich find't,
Da wohnt er gern und bleibet da,
Und ist dem Kindlein immer nah.

Er spielet mit dem Kinde
So traulich und so fein;
Er hilft ihm fleißig lernen
Und stets gehorsam sein;
Das Kind befolgt's mit frohem Muth,
Drum bleibt es auch so lieb und gut.

Und geht das Kind zur Ruhe,
Der Engel weichet nicht;
Er hütet treu sein Bettchen,
Bis an das Morgenlicht.

Er weckt es auf mit stillem Kuß
Zur Arbeit und zum Frohgenuß.

O, holder Engel, führe,
Auch mich den Kindern zu,
Die du so gern begleitest
Zur Arbeit, Spiel und Ruh!
Bei solchen Kindern, lieb und fein,
Da mag auch ich so gerne sein!

69. Naschhaftigkeit.

Die Speisekammer zu bemausen,
Stieg Fritz durchs Fenster einst hinein;
Da, dacht' er, giebt es was zu schmausen,
Da wird gewiß noch Kuchen sein.

Doch diesmal fand der arme Schlucker
Sich sehr betrogen. Wie er sah,
Stand nichts, als nur ein wenig Zucker
In einem irb'nen Näpfchen da.

Mit seinen nassen Fingern tupfte
Der Leckermund das Näpfchen aus,

Und aus dem offenen Fenster schlüpfte
Der Dieb gleich einer Katz' hinaus.

Doch bald begann er sich zu krümmen
Gleich einem Wurm und ächzt' und schrie,
Denn solch ein Brennen, solch ein Grimmen
In den Gedärmen fühlt' er nie.

Vergeblich war's, um Hülf' zu flehen,
Sein Naschen bracht' ihn mörd'risch um,
Was er für Zucker angesehen,
War größtentheils Arsenikum.

70. Der Schneemann.

Steh, Schneemann, steh! —
Und bist du auch von Schnee,
So bist du doch ein ganzer Mann,
Hast Kopf und Leib und Arme d'ran,
Und hast ein Kleid, so weiß und rein,
Kein Seidenzeug kann weißer sein;
Du stehst so stolz und fest und breit,
Als wär' es für die Ewigkeit. —

Steh, Schneemann, steh! —
Wenn ich dich recht beseh',

So fehlt dir nichts auf weiter Welt.
Du hungerst nicht, sorgst nicht um Geld;
Ich glaub auch, daß dich gar nichts rührt,
Und wenn es Stein und Beine friert;
Der Frost, der Andre klappern läßt,
Der macht dich erst recht hart und fest. —

Steh, Schneemann, steh!
Die Sonne kommt, Juchhe!
Jetzt wirst du erst recht lustig sein! —
Was ist denn das? Was fällt dir ein?
Du leckst und triefst ohn' Unterlaß;
O Schneemann, Schneemann, was ist das?
Das schöne, warme Sonnenlicht,
Der Menschen Lust, erträgst du nicht?

Weh, Schneemann, weh!
Du bist doch nichts als Schnee!
Dein Kopf war dick, doch nichts darin,
Dein Leib war groß, kein Herz darin,
Und das, was Andre fröhlich macht,
Hat dir, du Wicht, nur Leid gebracht.
Ich glaub', ich glaub', manch Menschenkind
Ist g'rade so, wie du, gesinnt:
Schnee, nichts als Schnee!

71. Spiellust im Frühlinge.

Der Winter ist wieder vergangen,
Es grünet und blühet das Feld;
Im Walde da singen die Vögel,
Es freut sich die ganze Welt.

Was macht nun ein rüstiger Bube?
Er bleibet nicht länger zu Haus,
Er ziehet gar lustig und munter
Mit uns in das Freie hinaus.

Und sind wir in's Freie gekommen,
Beginnen wir mancherlei Spiel:
Wir spielen Soldaten und Jäger
Und laufen vereint nach dem Ziel.

Wir spielen dann immer was Neues:
Jetzt schlagen wir Ball und den Reif
Dann lassen wir steigen den Drachen
Mit seinem gewaltigen Schweif.

Dann dreh'n wir uns lustig im Kreise
Und tanzen auf einem Bein'.
Das ist ein Leben und Treiben!
Wir trommeln und singen und schrei'n.

Und ist dann der Abend gekommen,
Dann gehen wir fröhlich nach Haus,
Dann sinnen wir andere Spiele
Auf Morgen uns wiederum aus.

72. Vom Bäumlein, das andere Blätter hat gewollt.

Es ist ein Bäumlein gestanden im Wald, in gutem und schlechtem Wetter, das hat von unten bis oben, nur Nadeln gehabt, statt Blätter. Die Nadeln, die haben gestochen, das Bäumlein, das hat gesprochen:

„Alle meine Kameraden haben schöne Blätter an, und ich habe nur Nadeln; Niemand rührt mich an. Dürft' ich wünschen, wie ich wollt', wünscht ich mir Blätter von lauter Gold."

Wie's Nacht ist, schläft das Bäumlein ein, und früh ist's aufgewacht, da hatt' es goldene Blätter sein, das war eine Pracht! Das Bäumlein spricht: „Nun bin ich stolz, goldene Blätter hat kein Baum im Holz."

Aber wie es Abend ward, ging der Jude durch den Wald, mit großem Sack und großem Bart, der sieht die goldenen Blätter bald. Er steckt sie ein, geht eilend fort, und läßt das leere Bäumlein dort.

Das Bäumlein spricht mit Grämen: „Die goldnen Blättlein dauern mich, ich muß vor den andern mich schämen, sie tragen so schönes Laub an sich. Dürft' ich mir wünschen noch etwas, so wünscht' ich mir Blätter von hellem Glas."

Da schlief das Bäumlein wieder ein und früh ist's wieder aufgewacht; da hatt' es glasene Blätter sein, das war eine Pracht! Das Bäumlein spricht: „Nun bin ich froh, kein Baum im Walde glitzert so.‟

Da kam ein großer Wirbelwind mit einem argen Wetter, der fährt durch alle Bäume geschwind, und kommt an die glasenen Blätter; da lagen die Blätter von Glase zerbrochen in dem Grase.

Das Bäumlein spricht mit Trauern: „Mein Glas liegt in dem Staub, die andern Bäume dauern mit ihrem grünen Laub. Wenn ich mir noch was wünschen soll, so wünsch' ich mir grüne Blätter wohl.‟

Da schlief das Bäumlein wieder ein, und wieder früh ist's aufgewacht, da hat es grüne Blätter fein. Das Bäum= lein lacht und spricht: „Nun hab' ich doch Blätter auch, daß ich mich nicht zu schämen brauch'.‟

Da kommt mit vollem Euter die alte Geis gesprungen, sie sucht sich Gras und Kräuter für ihre Jungen. Sie sieht das Laub und fragt nicht viel, sie frißt es ab mit Stumpf und Stiel.

Da war das Bäumlein wieder leer. Es sprach nun zu sich selber: „Ich begehre nun keiner Blätter mehr, weder grüner, noch rother noch gelber. Hätt' ich nur meine Nadeln, ich wollte sie nicht tadeln.‟

Und traurig schlief das Bäumlein ein, und traurig ist es aufgewacht. Da besieht es sich im Sonnenschein und lacht und lacht und lacht. Alle Bäume lachen's aus, das Bäumlein macht sich aber nichts draus.

„Warum hat's Bäumlein denn gelacht? und warum denn seine Kameraden?" Es hat bekommen in einer Nacht wieder alle seine Nadeln, daß Jedermann es sehen kann. Geh' naus, sieh's selbst, doch rühr's nicht an! „Warum denn nicht?" Weil's sticht.

73. Die Eier.

Christel! was hast du in deiner Schürze? so fragte Wilhelm seine Schwester, als er sie über den Hof gehen sah. Eier! sagte die Schwester.

Wilhelm. Was willst du mit den Eiern thun?

Schwester. Ich will sie unter eine Henne legen.

Wilhelm. Und warum denn unter eine Henne legen.

Schwester. Daß junge Hühner aus den Eiern kommen.

Wilhelm. Aus den Eiern? Sind denn junge Hühner in den Eiern? Gestern aß ich ein Ei, und ich habe keine junge Henne darin gesehen.

Schwester. Das glaube ich wohl. Die Henne muß erst lange auf den Eiern sitzen und sie wärmen. Von der Wärme wachsen nun die jungen Hühner und kriechen dann aus den Eiern.

Wilhelm. Christel! Du machst mir gewiß etwas weiß. Morgen will ich doch zur Henne gehen und sehen, ob junge Hühner da sind.

Schwester. Nein, nein! Freund Wilhelm! Dies laß nur bleiben, morgen sind noch keine junge Hühner da. Drei Wochen muß erst die Henne auf den Eiern sitzen. Wenn diese drei Wochen vorbei sind, dann komm wieder, dann will ich dir die jungen Hühner zeigen.

Wilhelm. Drei Wochen? Wie viel sind denn dies Tage?

Schwester. Ein und zwanzig Tage.

Wilhelm. Das kann ich nicht merken.

Schwester. Nun, wenn du es nicht merken kannst, so will ich es thun und es dir sagen, wenn die drei Wochen um sind. Dann führe ich dich zum Neste und zeige dir das kleine Volk, das unter der Henne sitzt.

Die drei Wochen vergingen außerordentlich schnell, und eines Morgens rief Christel: Wilhelm! wir wollen zur Henne gehen! Der Bruder hüpfte sogleich mit, und als sie zum Neste kamen — tausend! was sah da Wilhelm! Das ganze Nest lebte von Küchlein, die sich drückten, eins das andere, und pipten. Christel nahm sie in die Schürze und Wilhelm folgte. Als sie in die Stube kamen, setzte Christel die Küchlein auf die Erde, streute Hirse und Krumen von Brod auf die Erde

(3)

und die Kleinen hackten sie weg. Dann trugen sie die Küchlein wieder zu der alten Henne. Diese lockte sie sogleich, und die Jungen folgten ihr. Wenn die alte Henne rief: Gluck! gluck! so liefen die Küchlein alle herbei. Wie sich Wilhelm über die kleinen niedlichen Dingerchen freute, wie er sie täglich fütterte und liebkos'te.

74. Der Rabe.

Was ist das für ein Bettelmann?
Er hat ein kohlschwarz Röcklein an,
Und läuft in dieser Winterzeit
Vor alle Thüren weit und breit,
Ruft mit betrübtem Ton: „Rab! Rab!
Gebt mir doch auch einen Knochen ab!“

Da kam der liebe Frühling an,
Gar wohl gefiel's dem Bettelmann,
Er breitete seine Flügel aus
Und flog dahin weit über's Haus.
Hoch aus der Luft, so frisch und munter,
Hab' Dank, hab' Dank!“ rief er herunter.

75. Mein Plätzchen.

Ich weiß ein hübsches Plätzchen,
Wo gar zu gern ich bin;

Oft leg' ich wie ein Kätzchen
Zum Schlafen mich dahin.

Ich sitze wie ein Bienchen
An diesem hübschen Ort,
Und spiel' wie ein Kaninchen,
Und freu' mich immerfort.

Ich hüpf' hinauf, herunter,
Mit leichtem, heiter'm Sinn;
Ich such' ihn, wenn ich munter
Und wenn ich traurig bin.

Soll ich das Plätzchen nennen?
So höret an und wißt's!
Ihr werdet es wohl kennen:
— der Schooß der Mutter ist's!

76. Die Vöglein.

Willst du frei und fröhlich geh'n
Durch dies Weltgetümmel,
Mußt Du auf die Vöglein seh'n,
Wohnend unter'm Himmel.
Jedes hüpft und singt und fliegt
Ohne Gram und Sorgen,

Schläft auf grünem Zweig gewiegt
Sicher bis zum Morgen.

Jedes nimmt ohn' arge List,
Was ihm Gott beschieden;
Mit der kleinsten Gabe ist
Jedes gern zufrieden.
Keines sammelt kümmerlich
Vorrath in die Scheunen;
Dennoch nährt und labt es sich
Mit den lieben Kleinen.

Keines bebt im Sonnenstrahl
Vor den fernen Stürmen.
Kommt ein Sturm, so wird's im Thal,
Baum und Fels beschirmen.
Täglich bringt es seinen Dank
Gott für jede Gabe.
Flattert einstens mit Gesang
Still und leicht zu Grabe.

Willst du frei und fröhlich geh'n
Durch das Weltgetümmel,
Mußt du auf die Vöglein seh'n
Unter Gottes Himmel.

Gott vergißt die Vöglein nie,
Hat ihr Ziel gemessen:
Du bist ja viel mehr als sie,
Sollt' er dein vergessen?!

77. Die Geis, der's zu wohl ist.

Es war einmal eine Geis,
Der war's zu wohl im Stall;
Da ging sie hin auf's Eis,
That einen bösen Fall.

Da fing sie kläglich an zu schrei'n:
O weh, ich hab' gebrochen das Bein! —
O weh, wie schmerzt das Bein!

Das merk' sich wohl die Jugend an!
Bald ist ein kecker Streich gethan
Und reut den Thäter hinterher;
Hätt's noch zu thun, thät's nimmermehr.

78. Drei Paare und Einer.

Du hast zwei Ohren und e i n e n M u n d,
Willst du's beklagen?
Gar V i e l e s sollst du h ö r e n und —
W e n i g d'rauf s a g e n.

Du haſt zwei Augen und einen Mund;
Mach dir's zu eigen:
Gar Manches mußt Du ſehen und —
Manches verſchweigen.

Du haſt zwei Hände und einen Mund.
Lern' es ermeſſen:
Zwei ſind da zur Arbeit und —
Einer zum Eſſen.

79. Die Schwalben.

Mutter, Mutter! unſ're Schwalben,
Sieh' doch ſelber, Mutter ſieh!
Junge haben ſie bekommen,
Und die Alten füttern ſie.

Als die lieben kleinen Schwalben
Wundervoll ihr Neſt gebaut,
Hab' ich ſtundenlang am Fenſter
Heimlich ihnen zugeſchaut.

Und nachdem ſie eingerichtet
Und bewohnt das kleine Haus,
Schauten ſie mit klugen Augen
Gar verſtändig nach mir aus.

Ja, es schien, sie hätten gerne
Manches zwitschernd mir erzählt,
Und es habe sie betrübet,
Was zur Rede noch gefehlt.

Eins um's And're, wie ein Kleinod,
Hielten sie ihr Haus in Hut.
Sieh' doch, wie die klugen Köpfchen
Streckt hervor die junge Brut!

Und die Alten, Eins ums And're,
Bringen ihnen Nahrung dar.
O, wie köstlich ist zu schauen
So ein liebes Schwalbenpaar!

Mutter, weißt Du noch, wie neulich
Krank im Bett' ich lag und litt?
Pflegtest mich so süß, und Abends
Brächte Vater mir was mit.

80. Das Würmchen.

Keinem Würmchen thu' ein Leid!
Sieh! in seinem schlichten Kleid
Hat's doch Gott im Himmel gern,
Sieht so freundlich d'rauf von fern,
Führt es zu dem Grashalm hin,

Daß es ißt nach seinem Sinn,
Zeigt den Tropfen Thau ihm an,
Daß es satt sich trinken kann,
Giebt ihm Lust und Freudigkeit; —
Liebes Kind, thu' ihm kein Leid! —

81. Misekätzchen.

Misekätzchen ging spazieren
Auf dem Dach am hellen Tag.
Macht sich an den Taubenschlag
Eine Taube zu probiren,
Schlüpft wohl in das Loch hinein,
Aber kaum ist sie darein,
Ist der Appetit vergangen:
Eine Falle, siehst Du, fällt,
Für den Marder aufgestellt,
Und das Kätzchen muß nun hangen,
Und im Sterben spricht es: Trau'
Nicht auf Diebstahl je, Miau!"

82. Der gute Wirth.

Bei einem Wirthe, wundermild,
Da war ich jüngst zu Gaste;
Ein gold'ner Apfel war sein Schild
An einem langen Aste.

Es war der gute Apfelbaum,
Bei dem ich eingekehret;
Mit süßer Kost und frischem Schaum
Hat er mich wohl genähret.

Es kamen in sein grünes Haus
Viel leichtbeschwingte Gäste.
Sie sprangen frei und hielten Schmaus
Und sangen auf das Beste.

Ich fand ein Bett zu süßer Ruh'
Auf weichen, grünen Matten.
Der Wirth, er deckte selbst mich zu
Mit seinem kühlen Schatten.

Nun fragt' ich nach der Schuldigkeit,
Da schüttelt er den Wipfel.
Gesegnet sei er allezeit
Von der Wurzel bis zum Gipfel!

83. Das Sandkorn.

Wir hatten heut ein Haus gebaut
Von Sand.
Wir hatten freudig d'rauf geschaut
Und seiner Festigkeit vertraut:
Es stand.

Es löste sich ein Körnlein los,
Ganz klein;
Da rollt und bricht es Stoß auf Stoß,
Und unser Haus, so schön und groß,
Stürzt ein.

Wir sahen nun verwundert an
Das Spiel!
Ein kleines Körnlein hat's gethan:
Ein kleines Körnlein aber kann
Doch viel!

84. Vögleins Abschied.

Ade, lieb Kind, muß weiter zieh'n
In's ferne Heimathland!
Es welkt der Hain, des Waldes Grün,
Ade, vergiß nicht mein!

Mein Lied ist aus und aus mein Spiel,
Ich sehne mich nach Haus;
Hin über's Meer, da ist mein Ziel!
Ade, vergiß nicht mein!

Es kommt die Zeit, wo einst auch du,
Mein Kind hast ausgespielt

Dann schweigt dein Lied, Du suchest Ruh'
Und findest drüben sie.

O könntest du so froh wie ich,
Dann in die Heimath zieh'n!
Dies ist mein Wunsch! Gott schütze Dich!
Ade, vergiß nicht mein!

Zweite Abtheilung.

Sprüche und Lieder,
als Lese- und Gedächtniß-Uebungen.

1. Müßiggang ist aller Laster Anfang.
2. Morgenstund hat Gold im Mund.
3. Bet' und arbeit', so hilft Gott allzeit.
4. Ein gutes Wort findet guten Ort.
5. Zur Einigkeit sei stets bereit!
6. Eine treue Hand geht durch's ganze Land.
7. Schönheit vergeht, Tugend besteht.
8. Ein gutes Kind gehorcht geschwind.
9. Lerne Ordnung, liebe sie,
   Ordnung spart dir Zeit und Müh'.
10. Lust und Lieb' zu einem Ding
    Macht dir alle Müh' gering.
11. Quäle nie ein Thier zum Scherz,
    Denn es fühlt wie du den Schmerz.
12. Leiden währt nicht immer,
    Ungeduld macht's schlimmer.

13. Artigkeit sei meine Freude,
    Sie ziert mehr als Gold und Seide.

14. Ein jedes Wiesenblümchen spricht:
    Vergiß des lieben Gottes nicht!

15. Hast du genug und Ueberfluß,
    So denk' an den, der darben muß. — — —

16. Zufriedenheit kennt keine Noth,
    Ist fröhlich auch bei trock'nem Brod.

17. Fängst du ein Werk mit Freuden an,
    So ist die Hälfte schon gethan.

18. Wer seines Nächsten Freude stört,
    Ist selber keiner Freude werth.

19. Gute Sprüche, weise Lehren,
    Muß man üben, nicht blos hören.

20. Fleißig in der Schule sein,
    Trägt uns Freud' und Ehre ein.

21. Wer sich zu guten Kindern hält,
    Mit dem ist's immer wohl bestellt.

22. Ein frohes Herz, gesundes Blut,
    Sind viel mehr werth, als Geld und Gut. — —

23. Wer einmal lügt, dem glaubt man nicht,
    Auch dann, wenn er die Wahrheit spricht.

24. Wer etwas kann, den hält man werth,
    Den Ungeschickten Niemand begehrt.

25. Dem kleinen Veilchen gleich, das im Verborgnen
blüht, sei immer fromm und gut, auch wenn dich
Niemand sieht.

26. Alle guten Gaben, Alles, was wir haben, kommt, o Gott
von dir; Dank sei dir dafür!

27. Ich will fromm und fleißig sein, bin ich gleich noch
jung und klein. Lieber Gott, o steh mir bei, daß
ich fromm und fleißig sei!

28. Wenn ich artig bin, ohne Eigensinn, thue, was ich
soll, o, dann ist mir wohl! Alles freuet sich, lobt
und liebet mich.

29. Frühling, Sommer, Herbst und Winter sind des
lieben Gottes Kinder, bringen uns des Guten viel,
Blumen, Früchte, frohes Spiel.

30. Wie die Sonne freundlich lacht, wie sie warm und
fruchtbar macht! Der sie schuf, muß gern erfreu'n,
muß ein lieber Vater sein.

31. Viel Böses seh' ich als ein Kind, und Böses lernet
man geschwind. Behüt' o Gott, mich jeden Tag,
daß ich nichts Böses lernen mag.

32. Erde, Sonne, Mond und Sterne, alles Nahe, alles
Ferne, hat ein guter Gott gemacht, Ihm sei Lob
und Dank gebracht!

33. Die Wahrheit rede stets, und wag' es nie, zu lügen! Du kannst die Menschen zwar, doch niemals Gott betrügen.

34. Ueb' immer Treu' und Redlichkeit bis an dein kühles Grab, und weiche keinen Finger breit, von Gottes Wegen ab.

35. Bedenke, was du sprichst, und schweige sittsam still, sobald ein Aelterer uno Klüg'rer reden will.

36. Erhör', mein Gott und Vater, mich, für meine Eltern bitt' ich dich. Beschütz', erhalt' und segne sie, belohne ihre Sorg' und Müh! Erhöre stets ihr frommes Fleh'n, laß Gutes nur an mir sie seh'n!

37. Nimm auch dem kleinsten Wurm muthwillig nicht sein Leben; Gott hat es ihm, nicht du, aus reiner Lieb' gegeben.

38. Gott ist, wo die Sonne glüht; Gott ist wo das Veilchen blüht; ist, wo jener Vogel schlägt; ist, wo jener Wurm sich regt. Ist kein Freund, kein Mensch bei dir, fürchte nichts! Dein Gott ist hier!

39. Wer merkt's am Samenkorn so klein, daß d'rin ein Leben könnte sein? Kaum hab' ich's in das Land gesteckt, da ist auch seine Kraft erweckt, da dringt es aus der Erde vor, da steigt es in die Luft empor, da

treibt's und wächst und grünt und blüht; da lobt den Schöpfer wer es sieht.

40. Aller Menschen Vater, höre, merk' auf mich, dein betend Kind! Gieb mir Kraft zum Guten, lehre mich, was meine Pflichten sind! Dich zu ehren, und zu lieben ohne Tadel, fromm und rein, meine Eltern nicht betrüben, und dem Lehrer folgsam sein.

41. Es ist kein Mäuschen so jung und klein, es hat sein liebes Mütterlein, das bringt ihm manches Krümchen Brod, damit es nicht leidet Hunger und Noth.

Es ist kein liebes Vögelein im Garten draußen so arm und klein, es hat sein warmes Federkleid, da thut ihm Regen und Schnee kein Leid. Es ist kein bunter Schmetterling, kein Würmchen im Sommer so gering, es findet ein Blümchen, findet ein Blatt, daran es frißt, wird froh und satt.

Es ist kein Geschöpf in der weiten Welt, dem nicht sein eig'nes Theil ist bestellt, sein Futter, sein Bett, sein kleines Haus, darinnen es fröhlich geht ein und aus.

42. O, wie freu' ich mich der Gabe, daß ich gute Eltern habe, die für mich vom Morgen bis zum Abend sorgen. Die mich kleiden, mich ernähren, mich das

Böse meiden lehren, mich in meinen Pflichten liebreich unterrichten.

Ja, ich will sie wieder lieben, nie mit Vorsatz sie betrüben, will mich stets bestreben, fromm und gut zu leben.

Neujahr.

43. Ein neues Jahr hat angefangen, der liebe Gott hat's uns geschenkt. Viele hundert Jahre sind hingegangen, seit er an seine Menschen denkt. Und hört nicht auf, für sie zu sorgen, und wird nicht müde, was er thut, und weckt und stärkt uns alle Morgen, und giebt so viel und ist so gut. Und sieht auch heut' vom Himmel nieder auf mich und jedes kleine Kind und hilft auch dieses Jahr uns wieder, so lang wir gut und folgsam sind. Du, lieber Gott, kannst Alles machen, willst du mich machen treu und gut? Willst du mich dieses Jahr bewachen, daß nie dein Kind was Böses thut?

Im Winter.

44. Wo sind alle Blumen hin? — Schlafen in der Erde d'rin! weich vom Schneebettchen zugedeckt. Stille nur, daß sie Niemand weckt. Ueber's Jahr mit dem Sonnenschein tritt der liebe Gott herein, nimmt die Decke hinweg ganz sacht, ruft: Ihr Kinder, nun all' erwacht! Da kommen die Köpflein schnell herauf, da thun sie die hellen Augen auf.

Im Frühlinge.

45. Der Lenz ist angekommen! Habt ihr ihn nicht vernommen? Es sagen's euch die Vögelein, es sagen's euch die Blümelein: Der Lenz ist angekommen.

Ihr seht es an den Feldern, ihr seht es an den Wäldern, der Kuckuck ruft, der Finke schlägt, es jubelt, was sich froh bewegt! Der Lenz ist angekommen!

Hier Blümlein auf der Heide, dort Schäflein auf der Weide! Ach, seht doch, wie sich Alles freut, es hat die Welt sich schon erneut. Der Lenz ist angekommen!

Am Abend.

46. Lieber Gott, wir danken dir! Hast auch diesen Tag das Leben, hast viel Gutes uns gegeben! deine Kinder danken dir.

Bleibe bei uns in der Nacht, der du wachest, wenn wir schlafen, wie der Hirte bei den Schafen, wenn sie ruhen, treulich wacht.

Laß uns, bricht der Morgen an, mit den Eltern froh erwachen, und dann hilf uns besser machen, was wir noch nicht recht gethan.

Einige Briefe.

Liebster Karl!

Wir wollen einander recht oft kleine Briefe schreiben.
Was meinst Du dazu? Ich bin freilich noch recht schwach
im Schreiben, aber man sagt ja: Uebung macht den Meister.
Antworte doch recht bald

Deinem

Paul.

Mein Paul!

Hier hast Du ein Briefchen! aber lache mich nicht
aus. Ein Schelm macht's besser, als er kann. Ich gehe
erst ein Jahr in die Schule. Ueber's Jahr will ich es
schon besser machen.

Dein

Karl.

Liebe Emilie!

Du bist schon zwei Tage nicht in die Schule gekommen.
Du liegst doch nicht etwa gar im Bette und bist krank? Laß
mir doch durch meinen Bruder Franz, der Dir dieses
Briefchen bringt, sagen, was Dich von der Schule abhält.
Ich bin sehr um Dich besorgt. Gott behüte Dich, gute
Emilie! Behalte immer lieb

Deine

treue Bertha.

Meine liebe Emma!

Heute bin ich sieben Jahre alt. Meine Eltern haben mir erlaubt, Dich einzuladen. Wir wollen recht schön mit einander spielen. Meine Mutter hat auch Kuchen gebacken. Komme doch ja recht bald zu

Deiner

Louise.

Beste Lina!

Heute ist das Wetter zu schlecht; ich kann nicht zu Dir kommen. Den Vers habe ich gelernt und ich muß nur noch meine Sätze schreiben. Was hat denn meine Lina schon gearbeitet? Grüße mir Deine kleine Amalie viel tausendmal.

Deine

Babette.

Lieber Theodor!

Endlich, mein liebster Theodor, geht mein sehnlichster Wunsch in Erfüllung; unser großer Teich wird nächsten Freitag gefischt! Welch ein Leben, welch ein Jubel wird das werden! Du darfst dabei nicht fehlen. Komme doch ja! Ein größeres Vergnügen hast Du wohl noch nie gehabt.

Dein

Otto.

Liebe Anna!

In aller Eile theile ich Dir die freudige Nachricht mit, daß vor einer Stunde unſer lieber Bruder Rudolph von der Leipziger Meſſe zurückgekehrt iſt. Er hat Geſchenke in Menge mitgebracht. Auch Du biſt nicht vergeſſen; deßhalb komme ſogleich zu

Deiner

Emilie.

Guter Fritz!

Wenn nur nicht der weite Weg zwiſchen mir und Dir wäre! Ich habe ſchon wieder Etwas auf dem Herzen, das ich Dir gerne mittheilen möchte; aber die Sache iſt zu lang; ich kann ſie dir nicht ſchreiben. Da fällt mir ein daß Du einen kleinen Schlitten haſt. Setze Dich hinein, und laß Dich flugs fahren zu

Deinem

Freunde Heinrich.

Die Lesezeichen.

, Beistrich oder Komma.

; Strichpunkt oder Semikolon.

: Doppelpunkt „ Kolon.

. Punkt „ Schlußpunkt.

? Fragezeichen.

! Ausrufungszeichen.

' Auslassungszeichen oder Apostroph.

‗ Verbindungszeichen.

„ Anführungszeichen.

— Gedankenstrich.

( ) Klammern oder Parenthese.